GABRIELA PAGENER-NEU

WIDER DEN GESUNDEN

MENSCHENVERSTAND

12 gesellschaftskritische Kolumnen

AF198053

tredition®

Für Hubert und Marco

GABRIELA PAGENER-NEU

WIDER DEN GESUNDEN

MENSCHENVERSTAND

12 gesellschaftskritische Kolumnen

Impressum:
© 2021 Gabriele Pagener-Neu

Umschlagbild: © lolloj by AdobeStock Lic.

Lektorat, Layout, Umschlaggestaltung:
Angelika Fleckenstein; Spotsrock

Verlag & Druck:
tredition GmbH
Halenreie 40–44
22359 Hamburg

ISBN
978-3-347-24273-9 (Paperback)
978-3-347-24274-6 (Hardcover)
978-3-347-24275-3 (e-Book)

INHALT

VORWORT

Eine Wutbürgerin: Bin ich das?

Im Sinne des herkömmlichen und vor allem aktuellen Sprachgebrauchs sicherlich nicht, auch wenn der Buchtitel diese Vermutung auf den ersten Blick nahelegen mag.

Mit dem Begriff «Wutbürger» assoziiert man unwillkürlich die «Reichsbürger»-Bewegung, samt ihrer Verschwörungstheorien, dem selbstdefinierten Naturrecht und der völkisch verbrämten Berufung auf das «Deutsche Reich» – all dies liegt mir um Lichtjahre fern.

Eher würde ich mit Demonstranten wie denjenigen gemeinsame Sache machen wollen, die gegen die Corona-Maßnahmen protestierten und deren Aufgebrachtheit ich teile, selbstredend nicht mit den Reichstagsstürmern.

Warum ich dann nicht mitmarschiert bin, wird sich manch einer zu Recht fragen.

Dies ist nicht allein der Tatsache geschuldet, dass ich seit 30 Jahren in Frankreich lebe und daher nicht glaubwürdig gegen deutsche Verhältnisse auf die Straße gehen könnte, auch wenn ich die Geschehnisse in meinem Heimatland aus der Ferne mit Argusaugen verfolge. Nebenbei sei bemerkt, dass die Maßnahmen in meinem Gastland mindestens so drastisch, wenn nicht gar noch repressiver ausfielen als in Deutschland, sodass ich ebenso gut dort hätte demonstrieren können.

Nein, es geht darum, dass sich die Wut in meinem Bauch sehr viel grundsätzlicher und weitreichender geriert, sich gegen vieles richtet, das nicht an den aktuellen Kontext gebunden ist, sondern mich großenteils seit Jahrzehnten umtreibt und mir auf der Seele brennt.

Es sind Dinge, welche seit jeher im gesellschaftlichen Konsens, gern unter Berufung auf den sog. gesunden Menschenverstand, als selbstverständlich hingenommen werden, so als handle es sich bei ihnen um unumstößliche mathematische Axiome und Gewissheiten, ohne dass man offenbar je auf den Gedanken gekommen wäre, sie zu hinterfragen.

Da erscheinen themenzentrierte Demos nicht als das probate Ausdrucksmittel, um politisch, gesellschaftlich, philosophisch und anderes vermeintlich Korrekte auf den Prüfstand zu stellen, es verkehrt herum zu denken und wider den herrschenden Mainstream gegen den Strich zu bürsten – kurzum – kräftig an den Grundfesten der mehrheitsfähigen Meinungen zu rütteln.

In den «WIDER DEN GESUNDEN MENSCHENVERSTAND»-Kolumnen hingegen macht sich nicht einfach lange aufgestaute Wut lautstark und plakativ Luft, sondern entfalten sich Denkanstöße jenseits eingefahrener und vorgegebener Schemata.

Ich meine, es tut not.

DAS LEBEN: EIN GESCHENK?

Bereits im 17. Jahrhundert erkannte der englische Philosoph Thomas Hobbes, das Leben sei «einsam, armselig, scheußlich, brutal und kurz. Noch schlimmer wäre es, wenn es einsam armselig, scheußlich, brutal und lang wäre».

Ungeachtet dessen lautet eine der grundlegenden Selbstverständlichkeiten in unserer Gesellschaft, die in meinen Augen keine sind, das Leben sei ein Geschenk und allemal, unter welchen Umständen auch immer, lebenswert.

Aus dieser Selbstverständlichkeit erwachsen in der logischen Folge weitere. Um nur einige zu nennen: Auf ihr aufgebaut sind Politik und Justiz, und sie ist die kaum je hinterfragte Voraussetzung für das gesamte System selbst der säkularen Ethik – von der religiösen ganz zu schweigen –, der Moral sowie, in weiten Teilen, der Medizin.

In der Tat scheinen die meisten Menschen über einen schier unverwüstlichen Selbsterhaltungstrieb zu verfügen. Wie anders wäre beispielsweise der Kampf von KZ-Häftlingen, Opfern von unerträglicher Folter oder unter stärksten Schmerzen leidender Kranker ums nackte Überleben zu erklären? Oder die Tatsache, dass nach Unglücken, wie dem Zugunglück von Enschede 1998, und Naturkatastrophen die Überlebenden es als Gnade empfinden, dem Tod von der Schippe gesprungen zu sein, egal in welchem Zustand, unter welchen Lebensbedingungen und mit welchen bleibenden Schäden sie weiterleben müssen?

Die allermeisten von ihnen scheinen nicht das möglichst schnelle Ende ihres Leidens herbeizusehnen, das sie durch Selbsttötung, gezielte Provokation eines KZ-Wächters oder Ähnliches am einfachsten erreichen könnten, sondern sie sind bereit, ihr Leiden über Monate und Jahre auszuhalten, sich verzweifelt an die Hoffnung klammernd, dass es irgendwann in nicht absehbarer Zeit ein Ende haben möge und man, wie auch immer, weiterleben könne.

Dass die Politik in der Konsequenz die Gesundheit, bzw. das rein physische Überleben über alle übrigen Parameter stellt, die sie quasi ausblendet, konnte man aus aktuellem Anlass beim Umgang mit der Corona-Pandemie beobachten, allerdings genau genommen nicht das Überleben schlechthin, sondern nur auf die potenziellen Opfer von Covid-19 bezogen.

Die massive Zustimmung, welcher sich die deutsche Bundesregierung sowie die Regierungen von Ländern wie Frankreich, die die Bürgerrechte noch drastischer eingeschränkt hatten, seitens der Bevölkerung erfreuen durften, wird da niemanden verwundern.

Die wenigen Politiker, Journalisten, Soziologen, Ökonomen und Philosophen, die es, vor allem in den ersten Wochen des Lockdowns bzw. der Kontaktbeschränkungen wagten, diese absolute Priorität der Landesführer auch nur ansatzweise infrage zu stellen, wurden nur allzu leicht unter den Generalverdacht mangelnder moralischer Integrität gestellt.

Man möge sich an die Reaktionen auf die Äußerung Wolfgang Schäubles erinnern, dem mangelnder Moral sicher absolut unverdächtigen Bundestagspräsidenten, dass dem Schutz von Leben nicht absolut alles unterzuordnen sei …

Die Frage der Verhältnismäßigkeit, also wie viele

Leben und wessen Leben anderen Werten wie demokratische Freiheit, Selbstbestimmung, persönliche Entfaltung, wirtschaftliches Überleben, Recht auf Bildung und Kultur, körperliche Betätigung, direkte soziale Kontakte, kurzum das Anrecht auf ein Mindestmaß an Lebensfreude, geopfert werden, muss gestellt und sachlich-unvoreingenommen ausdiskutiert werden dürfen.

Ist es gerechtfertigt, etwas überspitzt formuliert, die Menschheit einzusperren und zu entmündigen, sowie sie mittel- bis langfristig ihrer Lebensqualität, wenn nicht gar in Teilen ihrer Existenzgrundlage zu berauben, um das Leben einer verschwindend kleinen Minderheit, in den meisten Fällen eh nur kurzfristig, da es sich auf den Intensivstationen vorwiegend um ältere Personen handelt, zu retten?

Zur Veranschaulichung: Weltweit rechnet man bis Ende 2021 mit bis zu 5 Mio. Toten in Verbindung mit dem Corona-Virus. Das ergibt bei einer Bevölkerung von derzeit 7,8 Mrd. Menschen etwa 0,05 Prozent.

Niemand kann einschätzen, wie hoch die Zahl ohne die strikten Maßnahmen gewesen wäre. Geht man jedoch selbst von der zehnfachen aus, käme man auf 0,5 Prozent, was immer noch extrem gering wäre, wenn man denn quantitativ argumentieren will.

Aber sollte nicht Lebens**qualität** vor Lebens**quantität** gestellt werden?

Die Justiz definiert selbstverständlich die Todesstrafe als Höchststrafe. Was aber, wenn ein Häftling sie einer lebenslangen Haftstrafe, einer zeitlich begrenzten mit anschließender Sicherheitsverwahrung, oder einem von Perspektivlosigkeit geprägten späteren Leben in Freiheit vorzöge? Das Kriterium der Lebensqualität in der Gegenwart oder zumindest die realistische Aussicht auf ein zumutbares Leben scheint nicht zu gelten.

Meines Erachtens sollte ein Verurteilter die Wahl haben, also ein Anrecht auf die Todesstrafe, welche dann einer Tötung auf Verlangen gleichkäme.

Auch der Freitod sollte in Vollzugsanstalten nicht um jeden Preis verhindert werden. Ist es nicht durchaus verständlich, vertretbar und zu respektieren, dass ein Häftling in Hungerstreik tritt, um ein

Leben, das ihm nicht mehr lohnend erscheint, zu beenden?

Die Zwangsernährung eines Holger Meins hätte m. E. niemals durchgeführt werden dürfen, denn sie widerspricht §1 des Grundgesetzes: *Die Würde des Menschen ist unantastbar.* Dass die jeweilige Definition von Würde etwas äußerst Subjektives ist, wird zwar aus gutem Grund nicht explizit hinzugefügt, ist jedoch evident. Solche allgemein gehaltenen Paragraphen können ihrem Wesen nach im Grunde nur sog. Gummiparagraphen sein, beliebig interpretierbar.

Warum wird ein solcher, durchaus verständlicher Wunsch nicht respektiert? Bereits in 1970er Jahren verwendete der Philosoph Jean Améry in seinem Buch «Hand an sich legen» den Begriff «Freitod» anstelle von «Selbstmord» Während Letzterer mit negativen Konnotationen belegt ist, assoziiert man mit Ersterem einen letzten Akt persönlicher Freiheit.

Der Anspruch auf freien Willen gilt folglich und erst recht für die Sterbehilfe.

Seit Jahren zerbrachen sich Ethikkommissionen darüber den Kopf, ob aktive Sterbehilfe bei unheilbar Kranken moralisch und juristisch vertretbar sei.

Muss jemand denn unheilbar krank sein, um eventuell, unter ganz bestimmten Voraussetzungen in den Genuss einer solchen Hilfe kommen zu dürfen?

Sollte nicht jedermann ein Anrecht auf Tötung auf Verlangen haben und jeder Helfer ohne Gewissenskonflikt und Angst vor Strafverfolgung handeln können?

Genügt es nicht, subjektiv am Leben zu leiden, aus welchen Gründen auch immer und wie die objektiven Umstände auch liegen mögen, sowie physisch oder psychisch nicht in der Lage zu sein, selbst Hand an sich zu legen, um assistiert zu werden?

Zum Glück hat das Bundesverfassungsgericht im Februar 2020 schlussendlich das Tor hierfür geöffnet und somit die Hilfestellung für den u. U. letzten Akt der Freiheit im Leben eines Menschen ermöglicht.

Gewiss, dem Missbrauch durch Außenstehende muss vorgebeugt werden.

Hier wäre der Gesetzgeber gefordert. Es müsste

sichergestellt sein, dass es sich tatsächlich um den freien Willen des Lebensmüden handelt. Entsprechende Instrumente, ähnlich einer Patientenverfügung oder einem Testament zu entwickeln, dürfte kein unlösbares Problem darstellen.

Leben zu verlängern gehört als integrierender Bestandteil zur medizinischen Ethik: eine weitere logische Konsequenz der Tatsache, dass es als selbstverständlich gilt, leben zu wollen. Auch hier wird dieses Prinzip nur in Bezug auf Extremfälle wie den Hirntod, und auch dies erst seit wenigen Jahrzehnten, infrage gestellt.

«Das Leben ist ein Kampf» sagt ein geflügeltes Wort. Eben. Muss man denn kämpfen wollen? Ist dieser ausnahmsweise einmal zutreffende Gemeinplatz nicht gerade ein Argument *gegen* das Leben, zumal es sich oft um einen Kampf gegen Windmühlen handelt?

Darf man keine Ansprüche an das Leben stellen? Sollte nicht jeder Mensch für sich definieren, welche von ihnen erfüllt sein müssen, damit das Leben für ihn lebenswert oder zumindest erträglich ist?

Vermeintlich oder tatsächlich wohlmeinende Zeitgenossen neigen dazu, einem Lebensmüden oder auch nur einem unzufriedenen, unglücklichen Menschen andere Menschen vor Augen zu führen, denen es nach objektiven Kriterien wesentlich schlechter geht.

Doch kann es ein Trost sein, dass es anderen noch schlechter geht?

Geht es dem Unglücklichen dadurch besser?

Keinesfalls.

Ganz abgesehen davon, dass die subjektiven Ansprüche an das Leben und sowohl die körperliche als auch seelische Schmerzempfindlichkeit bzw. Toleranzgrenze der Menschen sehr unterschiedlich sind.

Wie dem auch sei – zum Geburtstag ein langes Leben zu wünschen – bei Juden gar bis 120 – Gott behüte! sollte nicht als unhinterfragte Selbstverständlichkeit gelten.

Im Grunde genommen ist die Tatsache, dass niemand über die Möglichkeit verfügt, darüber zu entscheiden, ob er das «Geschenk» Leben annimmt oder nicht, eine Fehlkonstruktion (eine von vielen, wie wir später noch sehen werden) der Natur. Da es sich nun einmal so verhält, man jedoch ein –

zumal nicht erbetenes – Geschenk zumindest theoretisch, von höflicher Rücksichtnahme auf den Schenkenden abgesehen, zurückgeben oder wegwerfen kann, sollte man es ebenso mit dem «Geschenk» namens Leben ohne Gewissenskonflikt tun können.

Überträgt man die These, dass sich das Leben nur unter bestimmten Voraussetzungen, m. a. W. bei einer relativ hohen Lebensqualität lohnt, von der individuellen auf die weltweite gesamtgesellschaftliche Ebene, so ergibt sich die Schlussfolgerung, dass es besser wäre, weniger Kinder in die Welt zu setzen.

Wenn man bedenkt, dass die heutige Weltbevölkerung von 7,8 Milliarden ab 2022 auf ca. 8 Milliarden steigen wird und bis 2050 auf geschätzte 10, würden so wenige Menschen gut leben können, anstatt viele schlecht und mit Einschränkungen. Der Wohlstand würde auf weniger Köpfe verteilt, und an den begrenzten Ressourcen der Natur müsste nicht mehr bzw. wesentlich weniger gespart werden – ein omnipräsentes und kaum zufriedenstellend lösbares Problem würde einer Lösung zugeführt werden.

Den Druck, so schnell wie möglich auf erneuerbare Energien umzusteigen, mit den bekannten, schwer absehbaren wirtschaftlichen Folgen u. a. für den Arbeitsmarkt, gäbe es auf einen Schlag nicht mehr.

Gleichzeitig wäre das Problem der durch die steigende Lebenserwartung zu finanzierenden Altersversorgung leichter zu lösen.

Wie wäre es also, anstatt langfristig nach neuem Lebensraum auf dem Mars zu suchen, das Leben auf unserem Planeten erträglicher zu machen, indem man wiederum auf Qualität anstatt auf Quantität setzte?

Allerdings wäre eine gesetzlich verordnete Geburtenkontrolle, wie bis 2015 in China praktiziert, zutiefst undemokratisch, weder zumutbar noch durchsetzbar.

Und wer glaubt daran, dass von der westlichen Welt ausgehende Aufklärungskampagnen die Völker, bei denen die Großfamilie Tradition hat, von den Vorzügen der bürgerlichen Kleinfamilie überzeugen würden, auf dass sie freiwillig auf zahlreichen Kindersegen verzichteten?

Die Chancen stehen schlecht, wenn man bedenkt,

dass die Religion selbst im fortschrittlichen Abendland bis heute den streng Gläubigen einer selbstbestimmten Familienplanung im Wege steht.

Nur an einem zu erwartenden Problem der Dritte Welt-Länder sollte eine Geburtenkontrolle auf keinen Fall scheitern: dem finanziellen.

Es würde sich für die wohlhabenden Länder im Interesse aller zweifelsohne rentieren, die notwendigen Verhütungsmaßnahmen zu bezahlen. Es wäre mittel- und langfristig allemal billiger und nützlicher als Entwicklungshilfe, da es das Übel an der Wurzel packte, also die Ursachen anstelle der Negativfolgen bekämpfen würde.

TAUSENDE LEBEN FÜR EINE EINZIGE IDEE

Operation gelungen – Patient gestorben.

So etwa könnte man die Situation beschreiben, in der Menschen um einer abstrakten Idee, Überzeugung oder Religion Willen ihr privates Glück opfern, im Extremfall gar ihr Leben.

Solche Menschen werden gemeinhin bewundert, bis hin zur Verehrung als Helden.

Unbestritten zeugt ein solches Verhalten von Courage als persönlicher, positiv besetzter Eigenschaft und verlangt als solche Respekt ab.

Aber macht diese Opferbereitschaft wirklich Sinn?

So erwarteten und erwarten zum Teil noch heute beispielsweise jüdische Eltern von ihren Kindern, einen jüdischen Partner bzw. eine jüdische Partnerin zu ehelichen, mit diesem/dieser jüdische Kinder zu zeugen, damit, so lautet das Argument, «das Judentum fortlebe und erhalten bleibe».

Eine sog. Mischehe, hervorgehend aus der Liebe zu einem Menschen, der einer anderen Religion angehört, insbesondere wenn es sich dabei um eine Frau handelt, da im Judentum die Kindesmutter für die Religionszugehörigkeit ausschlaggebend ist, muss auf dem Altar des Fortbestands eines Abstraktums geopfert werden.

Eltern, die eine derartige Überzeugung vertreten, ist es demnach wichtiger, einen Beitrag zur Rettung des Judentums zu leisten, als durch die freie Partnerwahl zur Rettung des Glücks ihrer Kinder.

Auch die Begründung dieser Priorität, 6 Millionen Juden seien während des Naziregimes ermordet worden, greift meiner Ansicht nach nicht. Die Tatsache, dass sie nicht **für**, sondern **wegen** ihres Jüdischseins gestorben sind, wird bei dieser Argumentation offenkundig nicht berücksichtigt.

Auch wenn die Rassentheorie nicht existiert hätte und sich die Juden durch den Übertritt zum Christentum ihrem Schicksal hätten entziehen können, so wie etwa zur Zeit der mittelalterlichen Kreuzzüge, und sie bewusst, vor die Wahl gestellt, den

Tod in Kauf genommen hätten, wäre dieser Tod sinnlos gewesen:

Judentum lebt – Juden gestorben.

Ganz anders verhält es sich selbstredend, wenn Opferbereitschaft oder Zivilcourage das Leben von Mitmenschen rettet oder es zumindest versucht.

Beispiele hierfür gibt es unzählige. So ist auch der an beherzte, unerschrockene Bürger, welche Kinder vor Sexualstraftätern schützen, dazwischen gehen, wenn Wehrlose angegriffen werden usw. verliehene XY-Preis durchaus berechtigt.

Generell jedoch sollte gelten: Ideen existieren für **Menschen** und nicht umgekehrt.

MORALISCHER GENERATIONENVERTRAG

Ich spreche hier nicht von dem sozialgeschichtlichen bzw. sozialpolitischen Begriff des Generationenvertrages, den Wikipedia als

«einen fiktiven Solidar-Vertrag zwischen jeweils zwei gesellschaftlichen Generationen" (Wilfrid Schreiber) als theoretisch-institutionelle Grundlage einer im Umlageverfahren finanzierten dynamischen Rente»

definiert. Mir geht es um das, was ich den «moralischen Generationenvertrag» nennen möchte.

Und zwar meine ich die allgemein von Eltern und im gesamtgesellschaftlichen Konsens erwartete moralische Verpflichtung ihrer Kinder, quasi als Gegenleistung für das Leben, das sie ihnen «geschenkt» haben und die Mühen der Erziehungsarbeit, sich ihr Leben lang dankbar zu zeigen und sich u. a. um ihre alten Eltern zu kümmern.

Gemeinhin versteht man indes unter einem Vertrag eine freiwillig getroffene Vereinbarung zwischen zwei oder mehreren Parteien, bei welchem der Inhalt bzw. die Vertragsbedingungen zwischen diesen ausgehandelt werden.

Wie kann man jedoch von einem Vertrag sprechen, wenn er, naturgemäß, nur von einem Vertragspartner (den Eltern) einseitig festgelegt werden kann und er dem anderen (dem Kind), wie selbstverständlich aufgezwungen wird, da es ihn ja nicht verhandeln kann?

Genauso verhält es sich bei weiteren Erwartungen, wie den Aufgaben, die Kindern innerhalb der Familie aufgebürdet werden: sich an Haushaltsarbeiten zu beteiligen, bestimmte Verhaltensmuster zu internalisieren usw.

Ist es nicht vielmehr so, dass Eltern, indem sie Kinder in die Welt setzen, bewusst ein Risiko eingehen und daher nichts von ihrem Kind erwarten dürfen, sondern ihm alles schulden?

Eine der ganz wenigen Wissenschaftler, die diese These vertreten, ist die am Ethikzentrum der

Universität Zürich arbeitende Schweizer Philosophin und Journalistin Barbara Bleisch in ihrer Schrift: »Warum wir unseren Eltern nichts schulden».

Auch bin ich davon überzeugt, dass Kinder aus überwiegend egoistischen Gründen in die Welt gesetzt werden. Bis vor etwa hundert Jahren wurde kein Hehl daraus gemacht und es erschien selbstverständlich, dass Kinder einen ökonomischen Faktor bedeuteten, als Arbeitskraft, z. B. um den Hof zu bestellen.

Heutzutage, im Zeitalter der Selbstverwirklichung, geht es wohl eher um das Sich-Wiederfinden in einem selbsthergestellten Wesen, Marke Eigenbau, und um das Bedürfnis nach bedingungsloser Zärtlichkeit, das so manch einer bei seinem Haustier sucht und findet. Gegenüber Letzterem bietet ein Kind jedoch den nicht zu unterschätzenden Vorteil einer differenzierten bilateralen Kommunikation sowie eben die Befriedigung eines narzisstischen Bedürfnisses.

Da nimmt man doch nur allzu gern die Strapazen der Erziehung und die Einschränkung der eigenen Freiheit in Kauf.

Allein, man sollte sich nicht der schmeichelhaften Illusion hingeben, dass es sich um einen altruistischen Akt, gar ein «Geschenk», handle.

Und selbst wenn es vom betroffenen Kind als solches empfunden würde, wer wollte schon eine Gegenleistung dafür erwarten?

HEUCHLERISCHE
KINDERERZIEHUNG

«Es ist zu deinem Wohl» hört man Eltern sich allenthalben rechtfertigen, wenn sie ihre Kinder unterdrücken, einengen, bevormunden und bestrafen.

Wirklich «zu *deinem* Wohl»?

Wenn Papa und Mama ihre Kleinen abends beizeiten ins Bett schicken mit dem (Schein-) Argument, Kinder bräuchten eine bestimmte Anzahl von Stunden Schlaf, lässt dies nicht die Tatsache außer acht, dass das Schlafbedürfnis so unterschiedlich sein kann wie bei Erwachsenen? Geht es den fürsorglichen Eltern, auch wenn sie es sich selbst nicht eingestehen mögen, nicht eher darum, am Abend ihre Ruhe zu haben? Wie viel angenehmer ist es doch, sich, auf dem Sofa ausgestreckt, die Nerven bei einem für unter 10-Jährige ungeeigneten Psychothriller kitzeln zu lassen oder einen

gemütlichen Leseabend bei sanfter Background-
musik und einer gepflegten Flasche Rotwein zu ge-
nießen, als die lautstarken Streitereien zwischen
Tom und Sabinchen zu schlichten, oder mit ihnen
gemeinsam eine familienkompatible Sendung an-
zuschauen?

Das medizinische «Argument» bietet einen will-
kommenen Vorwand und ersetzt das verdrängte
Schuldgefühl, das Bedürfnis des Kindes nach
abendlicher Zuwendung dem eigenen Komfort zu
opfern, durch die illusorische Selbstgewissheit, als
verantwortungsvolle Eltern zu handeln.

An Heuchelei nicht zu überbieten ist der Satz: «Ich
muss dich bestrafen, ich tue es ungern». Nein, Eltern müssen nicht strafen, sondern sie treffen
diese Entscheidung vollkommen frei und willkür-
lich, und nur so kann es ein wehrloses, gedemütig-
tes Kind empfinden. Moralisch gesehen missbrau-
chen die Erziehungsberechtigten ihre Macht gegenüber einem von ihnen in jeder Hinsicht abhän-
gigen jungen Menschen. Und dies einzig und allein
zu dem Zweck, von ihnen erwünschtes Wohlver-
halten zu erzwingen, was sich zumeist eh ob der
mangelnden Wirksamkeit als Selbsttäuschung ent-
puppt.

Und dort, wo Sanktionen tatsächlich den beabsichtigten Effekt erzielen, geschieht es häufig um den Preis eines anderen Erziehungsziels des Tugendkatalogs, nämlich dem der Ehrlichkeit.

Wer mag es einem Kind verdenken, dass es lügt, um der Sanktion zu entgehen? Erziehung zu Ehrlichkeit benötigt positive Verstärkung und ist mit negativen Konsequenzen schwerlich vereinbar.

Und wie will man einem Kind glaubhaft und einleuchtend erklären, dass man etwas «zwar ungern, aber dennoch tut», das man ebenso gut unterlassen könnte, zu dem einen niemand zwingt?

Es existiert wohl keine Argumentation, welche der stringenten, unerbittlichen kindlichen Logik standhielte.

STRAFJUSTIZ

Bereits 1974 veröffentlichte der bayrische Jurist, Soziologe und Philosoph Arno Plack in der logischen Folge seines vielgelesenen sozialkritischen Haupt- und Standardwerks «Die Gesellschaft und das Böse» (1967) den 500-Seiten-Wälzer «Plädoyer für die Abschaffung des Strafrechts».

Am Endes seines Vorwortes frohlockt der Autor: «Schon, dass das Vergeltungsprinzip als Zweck der Strafe durch andere Strafzwecke in den Hintergrund gedrängt wird, zeigt darauf hin, dass die Tage des Strafrechts gezählt sind.» (Plädoyer für die Abschaffung des Strafrechts», List Verlag, 1974, S. 7)

Wie groß muss die Enttäuschung und Desillusionierung des 2012 Verstorbenen gewesen sein, als er feststellen musste, dass seine Prophezeiung knapp 40 Jahre später noch weit davon entfernt war – und ist –, Wirklichkeit zu werden! Es ist nur schwer vorstellbar, dass Plack bei seiner fortschrittsorientierten Zukunftsperspektive in Jahrhunderten gedacht hatte ...

Die werden jedoch vermutlich noch ins Land gehen, bis ein progressiver Umgang mit Menschen, welche die sozialen und legalen Normen verletzen, Eingang in eine sich in anderen Bereichen rasend schnell entwickelnde Gesellschaft (Wirtschaft, Medizin, Globalisierung, Informationstechnologie usw.) finden wird. Irgendwie hat die Entwicklung auf diesem Gebiet mit ihr nicht Schritt gehalten und hinkt hinterher.

Noch immer scheint der Sinn für Gerechtigkeit von dem Bedürfnis nach alttestamentarischer Rache und christlicher Sühne geprägt, auch wenn unbestrittenermaßen die Haftbedingungen zunehmend humaner geworden sind und (sozial-) therapeutische Maßnahmen mittlerweile ihren Platz im Gefängnisalltag gefunden haben.

Das war auch in den 1970ern bereits ansatzweise der Fall, jedoch reicht es laut Plack keineswegs, den Strafvollzug zu liberalisieren sowie das Strafrecht nur umzugestalten und zu verbessern. Es gehöre gänzlich abgeschafft und durch ein Maßnahmenrecht ersetzt. Es geht also um einen grundsätzlich anderen Ansatz.

Ein solches Maßnahmenrecht ginge davon aus, dass ein Großteil der Rechtsbrüche zivilrechtlich geregelt werden könnte, was etwa bedeuten würde, Vergeltung durch Wiedergutmachung zu ersetzen und den Schwerpunkt auf Verbrechensvorbeugung- bzw. Vermeidung zu verlagern. Nur dort, wo sich ein Normverletzer strikt weigert, «angerichteten Schaden wiedergutzumachen … blieben Zwangsmittel unentbehrlich» (Plack, ibid. S. 6)

Doch auch die Anwendung solcher Zwangsmittel sollte ohne soziale Diskriminierung erfolgen.

Man müsste ergänzen, dass die Gesellschaft vor gemeingefährlichen und nicht therapierbaren oder therapieunwilligen (Trieb-) Tätern geschützt werden muss.

Ansonsten sollte, ähnlich wie in der Medizin, zwischen Sofortmaßnahmen, also Symptombekämpfung einerseits, und mittel- bzw. langfristiger Ursachenbekämpfung unterschieden werden.

Letztere setzt, auf den Umgang mit Rechtsbrechern bezogen, einen (tiefen-) psychologischen

Zugriff auf sie voraus sowie eine Veränderung der gesellschaftlichen Verhältnisse und Normen. Ändern sich etwa die Moralvorstellungen der Gesellschaft hin zu mehr Toleranz, fallen entsprechende Gesetze weg und können folglich nicht mehr gebrochen werden.

Mit anderen Worten: Je liberaler eine Gesellschaft, desto weniger Rechtsbrüche: Ein starkes Argument etwa für die Legalisierung von Cannabis ...

Manch einer wird die berechtigte Frage stellen, weshalb eine Abschaffung des Strafrechts erstrebenswert sein soll.

Es geht nicht allein um Humanität gegenüber Rechtsbrechern. Es geht vielmehr darum, dass sich das bestehende System als weitgehend ineffizient erwiesen hat.
Wie anders ist der hohe Prozentsatz an Rezidivisten zu erklären? Gerade für jüngere Gefangene stellt der Gefängnisaufenthalt – wie etliche wissenschaftliche Studien belegen – eine Art Kriminalitätslehrgang dar.

Was das angebliche Ziel der Abschreckung anbelangt, so kann man auch hier nicht von überzeugenden Ergebnissen sprechen: Würden Strafen tatsächlich abschrecken, gäbe es kaum noch Straftaten, zumindest solche nicht, für die sich ein Täter frei entscheidet, ohne Opfer seiner Triebe zu sein.

Und, last not least, kosten Haftanstalten auf lange Sicht den Steuerzahler, also die Gesellschaft, wesentlich mehr als Bürger, die sich zivilrechtlich auf eine Entschädigung einigen und ehemalige Rechtsbrecher, die sich, resozialisiert, wieder in die Gesellschaft integrieren.

Dagegen wiegen der Sühne-Gedanken und das, laut Plack u. a. über Generationen anerzogene, Vergeltungsbedürfnis der Opfer wenig.

RELIGION

Dass Religion Opium fürs Volk sei, hat bereits der gute alte Karl Marx erkannt. Wenn es denn nur das wäre! Wesentlich schlimmer noch als die Unterdrückung, zu deren Zweck Religion oft als Vorwand herhalten muss und die sie per se durch ihre Regeln, deren Sinn sich häufig nicht (mehr) erschließen lässt, genuin enthält, erscheinen mir die Kriege, die sie im Laufe der Geschichte entfacht hat und noch verursacht.

Man denke, um nur einige zu nennen, an die mittelalterlichen Kreuzzüge, die Religionskriege in Frankreich, Deutschland, Italien und der Schweiz, an den dreißigjährigen Krieg, vom Nahostkonflikt u. a. mit dem Streit um die Heiligen Stätte in Ostjerusalem ganz zu schweigen.

Es handelt sich um gegenseitige Verfolgung und einen mörderischen Kampf aller gegen alle: Juden gegen Christen, Christen gegen Muslime, Muslime gegen Juden, Muslime gegen Jesiden …

Die Morde im Namen des sog. Islamischen Staates erscheinen in diesem Kontext nur als ein ins Extreme gesteigerter traditioneller Glaubenskrieg: also ein quantitativer, jedoch kein qualitativer Unterschied.

Wie viele Menschenleben wurden auf dem Altar der Religion(en) geopfert?

Man mag sich die schwindelerregende Anzahl nicht vergegenwärtigen.

Unsinnige Konflikte um unsinnige oder zumindest im modernen Zeitalter unsinnig gewordene, also obsolete Gesetze.

So liegt etwa der im Judentum verbotene Verzehr von Schweinefleisch vermutlich in der Tatsache begründet, dass das heiße Klima in Asien Schweinefleisch schnell verderben ließ. Ein Verbot, dass im Prä-Kühlschrank- und Gerfierfachzeitalter aus sanitären Gründen durchaus Sinn machen mochte, heute indes jeglicher Grundlage entbehrt.

Aber was angeblich gottgewollt sein soll, wird natürlich nicht hinterfragt, und vom Allmächtigen selbst ist eine Anpassung an die Veränderungen der Gegenwart offensichtlich zu viel verlangt und daher wohl kaum zu erwarten.

In Anspruch genommen wird er indes für so manches in der heutigen Welt, und wenn es nur der Sieg bei einem wichtigen Fußballspiel ist. Zahlreich sind die Sportler, die sich vor ihrem Einsatz bekreuzigen.

Die einzigen positiven Aspekte, die man nach meinem Dafürhalten dem Phänomen Religion abgewinnen kann, sind zum einen die Möglichkeit, die Last der Verantwortung für das eigene Tun auf eine höhere Instanz abzuwälzen: welch ungeheure Erleichterung!

Zum andern haben die Weltreligionen, allen voran das Christentum, unvergleichliche Kunstwerke und Musikkompositionen hervorgebracht.

Wer würde die Schönheit der Kathedrale von Notre Dame oder die Erhabenheit der Matthäuspassion von Bach bestreiten wollen?

Allein, brauchten diese Maler, Bildhauer, Komponisten die Religion als thematische Vorlage? Hätte sich ihr Genie ohne sie nicht anderweitig Ventile gesucht und sich in gleichwertigen, wenn auch

thematisch anders gelagerten Meisterstücken ent-
äußert?

Wie dem auch sei, in jedem Fall stehen die Trümpfe
in keinem Verhältnis zur zerstörerischen Kraft der
Religion.

NATURVERHERRLICHUNG

Eine weitere kaum je hinterfragte Selbstverständlichkeit ist die schier grenzenlose Bewunderung, um nicht zu sagen die ekstatische Verherrlichung der Natur und des gesamten Ökosystems. Bibel- und sonstige Religionsaffine nennen es die göttliche Schöpfung.

Zugegeben, die Funktionsweise von Mikro- und Makrokosmos ist zwar aus wissenschaftlicher Distanz hoch interessant zu beobachten, und gegen einen postkartentauglichen Sonnenauf- oder Untergang als ästhetisch-romantische Kulisse ist auch nichts einzuwenden.

Indes will sich mir der Sinn oder gar die Genialität etwa des sich gegenseitigen Auffressens in der Tierwelt nicht so recht erschließen. Was ist so faszinierend und erhaben daran, wenn ein Löwe ein Rehkitz in Stücke reißt oder ein Fuchs genüsslich ein Federvieh verspeist?

Von den nahezu täglich zu beklagenden Naturkatastrophen ganz zu schweigen.

Auch der allseits geforderte und geförderte Artenschutz wird selten infrage gestellt und findet so gut wie keine Kritiker. Doch warum vom Aussterben bedrohte Arten unbedingt geschützt werden müssen, wird nirgends begründet, so, als handele es sich um ein Axiom, also einen unbeweisbaren Grundsatz.

Was wäre denn so schlimm am Verschwinden bestimmter Arten?

Schließlich leben wir heute auch recht komfortabel, ohne dass die Dinosaurier uns fehlten. Allenfalls Zoobesucher – insbesondere die kindlichen – und Wissenschaftler könnten die ausgestorbenen Arten missen, wobei Forscher bei ihrer Arbeit dank moderner Technik notfalls auch ohne die Forschung am lebenden Objekt auskämen.

Ob also die in den Artenschutz investierten Gelder eine gerechtfertigte Ausgabe darstellen, und ob es legitim ist, dass das Thema in der öffentlichen Debatte einen solch großen Raum einnimmt, darf zumindest in Zweifel gezogen werden.

Ähnlich bzw. erst recht stellt sich die Frage hinsichtlich des Engagements für Tiere und deren Wohlergehen schlechthin.

Werden hier die Prioritäten tatsächlich richtig gesetzt? Wie vielen Kindern könnte mit der für die vierbeinigen, fliegenden, schwimmenden oder kriechenden Wesen aufgewendeten Zeit, der Energie und den finanziellen Mitteln weltweit geholfen werden? Wie viele könnte man gar retten?

DISKRIMINIERUNG

Negative Diskriminierung ist laut allgemeinem Konsens verpönt, positive hingegen scheint sich weitgehender Akzeptanz zu erfreuen, wobei sich vor allem bei der Ersteren in vielen Fällen die Frage stellt, ob sie tatsächlich objektiv als solche definiert werden kann und muss, oder ob sie nicht eher einem subjektiven Empfinden entspringt.

Weshalb gilt es als diskriminierend, eine Person, die – auch wenn sie in Westeuropa geboren wurde – Deutsch ihre Muttersprache nennt und sie u. U. bereits in zweiter oder dritter Generation hier lebt, deren Äußeres oder deren Namen jedoch auf Vorfahren aus einem fernen Land hindeutet, zu fragen, woher sie ursprünglich stammt?

Es geht hierbei keineswegs darum, diesem Menschen seine Zugehörigkeit zur Gesellschaft oder gar seine Staatsbürgerschaft abzusprechen, sondern lediglich um das Interesse daran, etwas über seine vermutlich spannende Familiengeschichte und das betreffende Ursprungsland zu erfahren.

Alles andere, wie unterschwelliger Rassismus oder auch nur mangelnde Akzeptanz und der Wille zur Ausgrenzung, muss als Unterstellung gewertet werden.

Mit der Nachfrage will wohl auch so manch einer seine eigene Fähigkeit, Menschen richtig einzuordnen, also sein Bildungsniveau, testen.

Die in Berlin geborene deutsche Politikerin palästinensischen Ursprungs, Sawsan Chebli, gehört offensichtlich zu denjenigen, die sich durch eine Frage nach ihrer Abstammung diskriminiert fühlen. Sie hat sich in diversen Polittalks sowie in einem Interview mit dem STERN dahingehend geäußert. Dabei könnte gerade diese bildschöne und äußerst erfolgreiche Frau als Paradebeispiel für gelungene Integration stehen, dazu angetan, bei ihrem Gegenüber wohlwollende Neugier zu wecken.

Warum also nicht aus der vermeintlichen «Not» eine Tugend machen und das «Exotische» als Trumpf verkaufen?

Was den Rassismus betrifft, so hat sich mittlerweile flächendeckend durchgesetzt, dass der

Begriff «Rasse» nicht allein aus bekannten historischen Gründen als politisch unkorrekt tabu ist, sondern er, wie die genetische Forschung belegt, zur Klassifizierung von Völkern denkbar ungeeignet und wissenschaftlich nicht haltbar ist.

Indes wird niemand bestreiten wollen, dass sich, zumindest rein äußerlich, was ihre Hautfarbe und Körpermerkmale angeht, Schwarzafrikaner, Chinesen und Westeuropäer nur schwerlich miteinander verwechseln lassen.

Das einzig Diskriminierende dabei wäre, eine Hierarchie zwischen ihnen zu etablieren, wie es die Nazis mit ihrem wirren Konzept der «Herrenrasse», deren mörderischer Schlussfolgerung und Umsetzung getan haben.

Solange jedoch kein Werturteil etwa mit dem Begriff «Schwarze» verbunden ist, gibt es keinen Grund, ihn zu vermeiden und verkrampft mit «Afroamerikaner» oder englischen Wörtern wie «people of colour» zu umschreiben.

Das stärkste Argument für einen lockeren, unverkrampften Umgang mit dem Wort, ohne moralischen Zeigefinger: Mit dem Slogan «Black lives matter» bezeichnen sich Amerikas Schwarze höchstselbst als solche!

Zuweilen treibt das Vermeiden von angeblicher Diskrimierung noch seltsamere sprachliche Blüten: Das in der Sache seit langer Zeit überfällige Gesetz der «Ehe für alle» ist in seiner Begrifflichkeit nicht nur ungeschickt gewählt, sondern schlichtweg falsch. Denn «Ehe für alle» könnte dahingehend interpretiert werden, dass sich jeder mit jedem verehelichen darf: Inzest autorisiert wäre sowie die Ehe zwischen Kindern und Erwachsenen usw.

Was jedoch gemeint ist, ist die gleichgeschlechtliche Ehe. Warum wurde es – auch wenn die vom Gesetzgeber intendierte Bedeutung hinlänglich bekannt ist – nicht präzise bezeichnet, etwa mit «Ehe zwischen Partnern gleichen Geschlechts» oder «Ehe zwischen Homosexuellen und Lesben»? Vermutlich in der löblichen Absicht, die Betroffenen nicht zu diskriminieren ... Dieser Absicht wird hier offenbar die Klarheit der Formulierung geopfert.

Positive Diskriminierung hingegen hat, allen voran in Sachen Quotenregelung, für Frauen in Führungspositionen in Politik, Wirtschaft und Kultur derzeit Hochkonjunktur.

Erstaunlicherweise scheint es die Mehrheit der Frauen nicht anzufechten, dass sie ihre Spitzenstellung u. U. nicht ihrer Qualifikation und Kompetenz, sondern der Proporzregelung verdanken.

Sollte nicht gerade das Ziel angestrebt werden, das Geschlecht als Kriterium bei der Postenbesetzung auszuschalten, da es ebenso sachfremd erscheint wie Haar- oder Augenfarbe des Bewerbers oder der Bewerberin?

In diesem Zusammenhang stellt sich ferner die Frage, wenn man schon positive Diskriminierung betreibt, warum man sie dann ausschließlich auf den Geschlechterproporz bezieht. Konsequent wäre dann ebenso die Berücksichtigung einer Altersgruppenquote, einer Quote für Menschen mit Migrationshintergrund usw. Es leuchtet ein, dass dies sinnlos ausufern würde und nicht mehr zu bewältigen wäre.

Fazit: Positive Diskriminierung macht ebenso wenig Sinn wie negative, sofern Letztere denn auf handfesten, nachweisbaren Tatsachen, nicht auf einem bloßen Gefühl beruht.

INKLUSION

Wer politisch korrekt sein will, spricht sich selbstverständlich für Inklusion aus. Geistig behinderte Kinder sollen gemeinsam mit nicht Behinderten dieselbe Schule besuchen, dem gleichen Unterricht folgen. Angeblich können beide Gruppen voneinander lernen, und die Behinderten fühlten sich akzeptiert, nicht benachteiligt und ausgeschlossen, so die Argumentation der Mehrheit.

Nur – tut man einem behinderten Kind wirklich einen Gefallen damit, dass es sich tagtäglich an seinen gesunden Mitschülern messen muss? Benachteiligt ist es von der Natur allemal, aber fühlt das Kind seine Benachteiligung, sein Anderssein nicht erst recht, wenn es ständig damit konfrontiert wird?

Es käme ja auch niemand auf die Idee, die Paralympics in die regulären Olympischen Spiele zu integrieren. Und hat man je einen behinderten Sportler sich beklagen hören, er fühle sich dis-

kriminiert, weil er «nur» an den Paralympics teil-
nimmt?

Man würde auch keine durchschnittlich begabten
Kinder unter Hochbegabte mischen, was man
ebenfalls als eine – um eine Stufe erhöhte – Inklusion betrachten könnte.

Ich stelle mir vor, dass es einem behinderten Kind
unter lauter Gesunden ähnlich gehen muss wie einer durchschnittlich aussehenden Frau auf einer
Modemesse unter einer Ansammlung von Models,
die einander an Schönheit übertreffen. Sie kann
dort kaum etwas anderes als Komplexe und Min-
derwertigkeitsgefühle empfinden.

Der Modedesigner Wolfgang Joop riet vor Jahren
in einem Fernsehinterview solchen Frauen, sich lie-
ber in einem vollkommen anderen Umfeld zu betä-
tigen, sich in einem Milieu zu bewegen, in welchem
andere Kriterien als ein perfektes Äußeres zum Tra-
gen kommen. Etwa an einer Schule unter anderen
Lehrerinnen kann sich eine auch nur einigermaßen
nett aussehende und adrett zurechtgemachte Frau
durchaus behaupten, wenn nicht gar den Status
einer Art prima inter pares erwerben.

Sollte man nicht ebenso – bar jeglicher Ideologie, und zwar gut gemeinter, jedoch m. E. falsch verstandener Humanität – den Behinderten die Chance gewähren, sich unter ihresgleichen zu behaupten?

Bleibt das von Inklusionsbefürwortern gern ins Feld geführte Argument des Voneinanderlernens. Handelt es sich hierbei indes nicht eher um eine Einbahnstraße? Was können denn gesunde Kinder von behinderten lernen – abgesehen von einer Sonderform sozialer Kompetenz und der Erkenntnis, dass Menschen mit höchst unterschiedlichen Anlagen und Lebensbedingungen existieren sowie den Umgang mit dieser Tatsache?

Und würde sich diese Erkenntnis bei ihnen nicht sowieso durch anderweitige Erfahrungen einstellen? Bedarf es dazu wirklich der Inklusion?

Zweifel scheinen mir angebracht.

PATRIOTISMUS

Patriotismus ist ein laut gesellschaftlichem Konsens positiv besetzter Begriff, der Ausdruck «vaterlandsloser Geselle» hingegen stark negativ und abwertend konnotiert: Zu Recht?

Weshalb sollte man denn patriotisch denken, fühlen und handeln? Sind die Liebe zum Vaterland sowie der damit einhergehende Stolz darauf wirklich legitim und vor allem der Menschheit zweckdienlich?

Zum einen ist es dem reinen Zufall zuzuschreiben, wo jemand zur Welt kommt. Wie kann man also auf etwas stolz sein, das nicht der eigenen Leistung entspringt, sondern einem Geworfensein in die Existenz, einer Art Lotteriespiel? Selbstredend ist es folglich ebenso ungerechtfertigt, sich der Zugehörigkeit zu einer bestimmten Volksgruppe zu schämen.

(Selbst-) Diskriminierung, sei sie negativ oder auch positiv, scheint äußerst problematisch.

Beim Patriotismus, in kleinerem Maßstab auch beim Lokal- oder Regionalpatriotismus, handelt es sich zwangsläufig um Abgrenzung gegenüber anderen Ländern bzw. geographisch-geopolitischen Gebilden. Und an welcher Stelle schlägt Abgrenzung in Gegnerschaft und Gegnerschaft wiederum in Feindschaft um? Wo endet Patriotismus und beginnt Nationalismus?

Lauter Gratwanderungen …

Würde es nicht genügen, staatliche Gebilde als – teils von der natürlichen Topographie vorgegeben – rein organisatorische und verwaltungstechnische Strukturen zu betrachten, vollends wertfrei und ohne jegliches Identifikationspotenzial?

Gewiss, die Fan-Kultur von Sportmannschaften würde darunter leiden, aber welches Gewicht hätte dieser «Verlust» schon, wenn um diesen Preis Kriege vermieden werden könnten?

Schließlich beruhen kriegerische Auseinandersetzungen, wenn nicht auf territorialer – noch am ehesten verständlich, wenn es um notwendigen Lebensraum geht –, wirtschaftlicher oder religiöser, so auf nationaler Abgrenzung. Häufig gehen beide, bzw. alle drei, miteinander einher.

In welch sinnlose Kämpfe haben sich etwa die Katalanen in Spanien, von den Basken ganz zu schweigen, oder die Separatisten in Irland gestürzt, allein um ihrer «Identität» Willen!

Welche Rolle spielt es schon, ob jemand Madrilene oder Barceloner ist?

Bei Lichte besehen, birgt jegliche Form der Identifizierung mit jedweder Gruppierung im Kern bereits Konfliktpotenzial in sich.

Folgerichtig muss in diesem Zusammenhang auch die Frage nach dem Nutzen von Nationalsprachen gestellt werden. Grundsätzlich sollte Sprache der Kommunikation dienen. Über Grenzen hinweg kann dies indes nur durch eine Universalsprache gelingen. Wo sich in der Geschäftswelt mittlerweile Englisch in dieser Funktion etabliert hat, könnte es im privaten Bereich Esperanto sein.

Wie wäre es, wenn weltweit anstelle anderer Fremdsprachen neben Englisch Esperanto als Pflichtfach gelehrt würde?

Bei aller Faszination, welche die National- und selbst Regionalsprachen ausüben mögen, baut deren im Zuge des Selbstbehauptungswillens von Klein- und Kleinstgruppierungen wieder in Mode gekommene Förderung, vor allem der Letzteren, nicht eher Barrieren auf, als dass sie der Völkerverständigung dient?

Müssen Sprachen um jeden Preis am Leben gehalten werden, wie es im Trend liegt? Genügte es nicht, sie als schriftlich überlieferte Kulturgüter der Vergangenheit in Form von Literatur zu erhalten?

Es geht im Kern darum, jede Art von Grenzen zu sprengen, bzw. alles Trennende bereits im Keim zu ersticken.

Denn dort, wo Patriotismus in seiner extremsten Ausprägung am destruktivsten wirkt, im Krieg, generiert er tausendfaches Sterben: den sogenannten Heldentod.

Wehret daher den Anfängen …

TERRORISMUS

Machtlosigkeit einzugestehen, fällt schwer, besonders Politikern.

Nach jedem Terroranschlag beschwört unser staatliches Führungspersonal jedweder Couleur, man werde «sich dem Terrorismus entschlossen entgegenstellen und ihn mit allen Mitteln bekämpfen», was, wenn auch unausgesprochen, suggeriert, man könne ihn besiegen. Selten genug hört man, wie etwa vom ehemaligen Bundesinnenminister Thomas de Maizière in einem Fernsehinterview vor einigen Jahren, dass es keine absolute Sicherheit geben könne.

Allein, nicht nur keine absolute, sondern m. E. auch keine relative.

Was soll man Selbstmordattentätern, also Menschen, die ihren Tod bewusst in Kauf nehmen, wenn nicht gar den Heldentod anstreben, entgegensetzen? Womit sollte man ihnen drohen? Es existiert kein Druckmittel, das sie abschreckte, logischerweise nicht einmal die, wie von manchen Bürgern gefordert, wiedereinzuführende Todesstrafe.

Auch wenn es gelungen sein mag, den sog. Islamischen Staat strukturell zu schwächen, wird man Initiativen von Einzeltätern, auf welche die Strategen des IS nunmehr setzen, nicht verhindern können. Präventive Maßnahmen schaffen es zwar, manche Anschläge im Vorfeld zu verhindern, jedoch überstiege eine vollständige Vorbeugung sowohl die logistischen als auch die finanziellen Mittel des Staates, unabhängig von der Debatte um das Abwägen zwischen Freiheit und Sicherheit der Bürger, etwa bei der Legitimität von Abhöraktionen.

Die Terroristen haben uns in der Hand, sitzen am längeren Hebel ob unserer Angst um unser Leben.

Das Einzige, das ihnen definitiv den Wind aus den Segeln nehmen würde, wäre, dem Tod ebenso gleichmütig zu begegnen, wie sie selbst es tun, dann verlöre ihr Handeln seinen Sinn. Man würde die Attentäter gleichsam mit ihren eigenen Waffen schlagen.

Selbstredend würde kein Politiker sich trauen,

etwas Derartiges öffentlich zu bekennen, es wäre wohl auch kaum mehrheitsfähig.

Stattdessen wiegt man die Bürger in der Illusion, einen von vornherein verlorenen Kampf gewinnen zu können. Es ist schwer vorstellbar, dass Politiker tatsächlich selbst dieser Illusion erliegen.

POLITISCHE PARTEIEN UND DER MÜNDIGE WÄHLER

«Klientelpolitik» zu betreiben, wirft man gern Parteien wie der FDP vor. Sie bediene die Interessen einer bestimmten, ihr zugneigten Wählerschaft, in diesem Fall die der sogenannten Besserverdienenden.

Sei's drum: Ist es nicht so, dass die übrigen, nicht zuletzt die Volksparteien, ebenso auf ihre mehr oder minder angestammte Klientel abzielen? Gerade die SPD, traditionell und ihrem eigenen Anspruch nach dem Arbeitermilieu verhaftet? Die CDU und die CSU mit dem Hinweis auf das ‚C' in ihrem Namen vorrangig den christlich geprägten Bürgern?

Diese Strategie ist ihnen nicht zu verdenken, scheinen sich doch Parteien, auch wenn sie es nicht explizit zugeben, als Selbstzweck zu verstehen, sodass ihr Selbsterhaltungstrieb sie dazu zwingt, auf Wählerjagd zu gehen.

Wie anders ist es zu erklären, dass sich beispielsweise die SPD so sehr um ihren Niedergang sorgt anstatt sich die Frage zu stellen, ob sie noch eine Existenzberechtigung hat angesichts der heutigen Bedürfnisse der «Menschen» (sprich Wähler), oder ob sie sich nicht überlebt und erübrigt hat? Erübrigt, da die aus dem 19. Jahrhundert stammende Arbeiterklasse offensichtlich in der postindustriellen Gesellschaft stark dezimiert ist.

Oder sind die sozialdemokratischen Ziele gar bereits so weit verwirklicht, dass sie der Partei als Umsetzungsmaschine nicht mehr bedürfen?

Verfängt ein Parteiprogramm nicht mehr, so wird innerparteilich darüber gestritten, ob und wie es zu verändern sei, um anderen Parteien neue Zielgruppen abzujagen oder die verlustig gegangenen zurückzuerobern. Dies erscheint umso erfolgversprechender, als sich heutzutage, im Gegensatz zu früher, die Wähler sämtlicher Parteien quer durch alle sozialen Schichten ziehen. Ein FDP wählender Facharbeiter ist mittlerweile ebenso weitverbreitet wie ein der SPD nahestehender Unternehmer.

Selten indes stellt man die Legitimität eines Grundsatzprogramms an sich infrage, und damit verbunden die jeweilige Definition der in ihm enthaltenen «Werte». Was ist gerecht? Was ist sozial? ...

Dabei sollte eine Partei sich damit abfinden, wenn Wähler die Antworten auf ihre Anliegen eher bei anderen Gruppierungen finden und sich dort besser aufgehoben fühlen. Schließlich sind Parteien für die Bürger da, nicht umgekehrt die Bürger als Wahlvolk zum Erhalt von Parteien.

Entscheidend sollte sein, dass die angestrebten Ziele – wenn man sie denn nach wie vor als erstrebenswert erachtet – verwirklicht werden, von wem spielt letztendlich keine Rolle.

Man wirft der AfD vor, zum einen aus der Spaltung der CDU in den eher zur politischen Mitte hin tendierenden Flügel um die Kanzlerin, und einen um die vor allem gesellschaftspolitisch tradierten, eher rechts gerichteten, Kapital zu schlagen; zum andern aus der Unzufriedenheit zahlreicher Bürger mit ihrer Lebenssituation und ihrem Gefühl der Machtlosigkeit und des Ausgeliefertseines an Phänomene wie die Globalisierung, oder das in ihren Augen überbordernde Flüchtlingsproblem.

Ist dieser Vorwurf jedoch berechtigt angesichts der Tatsache, dass bei genauerem Hinsehen alle Parteien in gewisser Weise ähnlich vorgehen, mit dem zugegebenen Unterschied, dass sowohl die Ursachenanalyse der Probleme, als die Lösungsangebote andere sind als die der AfD?

Die logische Schlussfolgerung dessen wäre, dass man zwar die Herangehensweise der AfD durch eine inhaltliche Auseinandersetzung mit ihr bekämpfen kann – und u. U. muss –, ihr jedoch nicht vorwerfen darf, aus einer Situation Kapital schlagen zu wollen.

Darauf, die Wähler der ungeliebten und viel gescholtenen AfD jedoch nicht zu diskriminieren, sondern ausdrücklich Verständnis für ihre Sorgen aufzubringen, achten interessanterweise sämtliche übrigen Parteien, wenn auch nicht alle in gleichem Maße.

Stillschweigend scheinen sie demnach davon auszugehen, dass die AfD-Wähler für ihre legitimen Forderungen nur den falschen, vereinfachten Lösungsversprechen aufsitzen, deren Auswirkungen sie nicht zu überblicken vermögen.

Das wiederum wirft die Frage nach der Wahlmündigkeit der Bürger auf, eine Frage, die m. E. ihre Berechtigung in Bezug auf das Wahlvolk generell, nicht nur der AfD, findet.

Was den Wähler im Allgemeinen betrifft, allen voran bei Bundestagswahlen, die, anders als Wahlen auf kommunaler und regionaler Ebene, weiterreichende, u. a. außenpolitische Konsequenzen nach sich ziehen, sollte gesichert sein, dass jeder wahlberechtigte Bürger die politischen, wirtschaftlichen und gesellschaftlichen Zusammenhänge sowie die staatlichen Institutionen und deren Funktionsweise zumindest in groben Zügen kennt und versteht.

Um sich dessen zu versichern, gäbe es eine vergleichsweise simple und zuverlässige Lösung: Jeder wahlberechtigte Bürger müsste vor seiner erstmaligen Wahl einen Test in Staatsbürgerkunde absolvieren, ähnlich demjenigen, denen sich einbürgerungswillige Ausländer unterziehen müssen.

Ein solches Ansinnen würde vermutlich einen Sturm der Entrüstung auslösen, ob des unterschiedlichen Bildungsniveaus der Bürger, und folglich der Benachteiligung sog. bildungsferner Sozialschichten.

Aber genau um diese ginge es ja! Gerade sie sind besonders der Gefahr ausgesetzt, aus mangelnder Sachkenntnis stärker für Fake-Informationen empfänglich zu sein und somit Wahlentscheidungen zu treffen, die sie als hinreichend informierte Bürger vermutlich nicht treffen würden.

Man würde sie gleichsam vor sich selbst schützen und gleichzeitig einen starken Beitrag zu wahrhafter Demokratie leisten.

I had a dream: Ein solches System weltweit einzuführen. Man stelle sich vor, es hätte in den USA bereits 2016 existiert: Was wäre der Welt aller Wahrscheinlichkeit nach erspart geblieben! …

Über die Autorin:

Sie kam 1952 als Tochter jüdischer Eltern in Düsseldorf zur Welt. Nach der Schulzeit in der Schweiz – zeitweise in einem katholischen Internat – absolvierte sie ein Studium der Germanistik, Romanistik, Philosophie und Pädagogik an der Heinrich Heine-Universität und ein Volontariat bei der Westdeutschen Zeitung (Düsseldorf).

Sie war als freie Journalistin u. a. für die Allgemeine Jüdische Wochenzeitung tätig. 1991 zog sie nach Südfrankreich, wo sie Lehrbeauftragte für Wirtschaftsdeutsch an einer Businesshochschule in Nizza war.

Heute arbeitet sie als Beisitzerin im Rahmen von Disziplinarverfahren in einer Justizvollzugsanstalt.

Gabriela Pagener-Neu ist verheiratet und hat einen erwachsenen Sohn.

Zeitfracht Medien GmbH
Ferdinand-Jühlke-Straße 7
99095 Erfurt, Deutschland
produktsicherheit@kolibri360.de